# The Secrets of the Old Mill and Other Stories: Dutch-English Short Stories

Coledown Bilingual Books

Published by Coledown Bilingual Books, 2023.

THE SECRETS OF THE OLD MILL AND OTHER STORIES: DUTCH-ENGLISH SHORT STORIES

**First edition. October 18, 2023.**



ISBN: 979-8223603962

Written by Coledown Bilingual Books.

# Table of Contents

# De Avonturen van Mevrouw Klaveren en de Geheimzinnige Mysterie van de Verloren Katten

Mevrouw Klaveren, een charmante dame van middelbare leeftijd, woonde in een pittoresk huis aan de rand van het kleine dorpje Bloemenheuvel. Haar dagen waren eenvoudig en sereen, gevuld met het verzorgen van haar prachtige rozentuin en het breien van kleurrijke truien voor de plaatselijke weeshuiskinderen. Maar onder het rustige oppervlak van Bloemenheuvel schuilde een geheimzinnige mysterie dat Mevrouw Klaveren in zijn greep zou krijgen.

Het begon allemaal op een heldere ochtend, toen Mevrouw Klaveren haar dagelijkse wandeling door het dorp maakte. Ze glimlachte naar de buurtkinderen en zwaaide naar de vriendelijke bakker, de heer Van der Brood. Terwijl ze langs de historische dorpskerk liep, hoorde ze zachte miauwen die haar aandacht trokken.

Achter een oude eik ontdekte Mevrouw Klaveren een groep verloren katten. Hun zachte ogen en hongerige blik raakten haar hart. Ze besloot dat ze niet kon toestaan dat deze arme dieren verdwaalden en verhongerden. Ze begon met het voeren van de katten en gaf ze tijdelijk onderdak in haar tuinhuis.

Terwijl Mevrouw Klaveren voor de katten zorgde, merkte ze dat er iets vreemds aan de hand was in Bloemenheuvel.

Buurtbewoners begonnen te klagen dat hun katten verdwenen, en het gerucht ging dat er een mysterieuze kattenverdrijver in het dorp actief was. Mevrouw Klaveren kon niet geloven dat iemand katten kwaad zou willen doen, en ze besloot om het mysterie op te lossen.

Met de hulp van haar vriendin, Mevrouw Smaragd, een gepensioneerde speurder, begon Mevrouw Klaveren een onderzoek naar de verdwijningen. Ze ondervroegen verdachte dorpsbewoners en volgden aanwijzingen die hen leidden naar een oud herenhuis aan de rand van het dorp.

Daar ontdekten ze een sinistere figuur, Graaf Von Krabbenstein, een excentrieke aristocraat die een obsessie had voor kattenhuiden. Hij bleek verantwoordelijk te zijn voor de verdwijningen van de katten in Bloemenheuvel en had een geheime kattenhuidencollectie in zijn herenhuis.

Mevrouw Klaveren en Mevrouw Smaragd zetten een ingenieuze val op om de graaf te ontmaskeren en hem aan te geven bij de lokale autoriteiten. De graaf werd gearresteerd, en de verdwenen katten werden veilig naar hun eigenaren teruggebracht.

Het nieuws van Mevrouw Klaverens heldhaftige daden verspreidde zich als een lentezon over Bloemenheuvel. De dorpelingen waren haar eeuwig dankbaar, en de verdwenen katten kregen een heldenontvangst in het dorp.

Mevrouw Klaveren keerde terug naar haar rustige leven in haar huisje aan de rand van het dorp, haar rozentuin bloeide nog mooier dan ooit tevoren. Maar ze wist dat de ware schat in het helpen van anderen en het oplossen van mysteries lag, en ze

was bereid om altijd klaar te staan voor een nieuw avontuur in
Bloemenheuvel.

# The Adventures of Mrs. Clover and the Mysterious Mystery of the Lost Cats

Mrs. Clover, a charming middle-aged lady, lived in a picturesque house on the outskirts of the small village of Flower Hill. Her days were simple and serene, filled with tending to her beautiful rose garden and knitting colorful sweaters for the local orphanage children. But beneath the tranquil surface of Flower Hill lay a mysterious mystery that would captivate Mrs. Clover.

It all began on a bright morning when Mrs. Clover took her daily stroll through the village. She smiled at the neighborhood children and waved to the friendly baker, Mr. Van der Brood. As she passed the historic village church, she heard soft meowing that caught her attention.

Behind an old oak tree, Mrs. Clover discovered a group of lost cats. Their soft eyes and hungry gaze touched her heart. She decided that she couldn't allow these poor animals to wander and starve. She began to feed the cats and provided them with temporary shelter in her garden shed.

While caring for the cats, Mrs. Clover noticed that something peculiar was happening in Flower Hill. Residents began to complain that their cats were disappearing, and rumors spread of a mysterious cat expeller in the village. Mrs. Clover couldn't believe that someone would want to harm cats and decided to solve the mystery.

With the help of her friend, Mrs. Emerald, a retired detective, Mrs. Clover launched an investigation into the disappearances. They questioned suspicious villagers and followed clues that led them to an old mansion on the outskirts of the village.

There, they discovered a sinister figure, Count Von Crabbington, an eccentric aristocrat with an obsession for cat pelts. He was responsible for the cat disappearances in Flower Hill and had a secret collection of cat skins in his mansion.

Mrs. Clover and Mrs. Emerald set up a clever trap to expose the count and report him to the local authorities. The count was arrested, and the missing cats were safely returned to their owners.

The news of Mrs. Clover's heroic deeds spread like spring sunshine throughout Flower Hill. The villagers were eternally grateful, and the missing cats received a hero's welcome in the village.

Mrs. Clover returned to her quiet life in her cottage on the outskirts of the village, her rose garden blooming more beautifully than ever. But she knew that the true treasure lay in helping others and solving mysteries, and she was always ready for a new adventure in Flower Hill.

# Het Raadsel van de Vergeten Melodie

In het hart van Brugge, de schilderachtige stad van grachten en geplaveide straatjes, woonde een eigenzinnige en muzikale vrouw genaamd Mevrouw Isabella Vandenbergh. Ze had een liefde voor de klanken van oude muziek en speelde elke avond op haar betoverende viool in de schaduw van de Sint-Salvatorskathedraal. Haar muziek vulde de lucht met een betoverende melodie die het hart van iedereen raakte die het hoorde.

Maar op een koude winterochtend ontdekte Mevrouw Vandenbergh iets buitengewoons in een vergeten hoek van haar zolder. Een stoffige koffer, bedolven onder oude partituren en vergeelde brieven, trok haar aandacht. Ze veegde het stof eraf en begon te bladeren door de inhoud. Tot haar verbazing vond ze een vergeten melodie, geschreven op vergeeld perkament, met de initialen "A.V."

De melodie was rijk en hartverscheurend, alsof hij rechtstreeks uit de ziel van de componist kwam. Mevrouw Vandenbergh speelde de noten op haar viool, en de muziek vulde de zolder met een betoverende klank die haar deed huiveren. Ze wist dat ze iets bijzonders had ontdekt en besloot op zoek te gaan naar de oorsprong van deze vergeten melodie.

Met de hulp van haar vriendin, mevrouw Helena De Groot, een gepensioneerde muzieklerares, begon Mevrouw Vandenbergh een zoektocht die haar door de straten van Brugge en verder leidde. Ze bezocht antiekwinkels en archieven, sprak met muziekexperts en onderzocht oude bibliotheken. Elke aanwijzing bracht haar dichter bij het mysterie van de vergeten melodie.

Terwijl ze door de kronkelende straten van Brugge dwaalde, kwam ze in contact met de plaatselijke bevolking en ontdekte ze verhalen over een mysterieuze componist genaamd Alexander Van der Zandt. Deze componist was in de 18e eeuw een begaafd musicus, maar zijn werk was verloren gegaan in de nevelen van de tijd.

Mevrouw Vandenbergh en mevrouw De Groot traceerden de familiegeschiedenis van Alexander Van der Zandt en ontdekten dat hij ooit in Brugge had gewoond en gecomponeerd. Ze vonden aanwijzingen dat de vergeten melodie een van zijn meesterwerken was, maar niemand wist waarom het werk in de vergetelheid was geraakt.

Hun zoektocht leidde hen naar het statige herenhuis van de Van der Zandt-familie aan de rand van de stad. Daar ontmoetten ze de laatste nakomeling van de componist, een oude dame genaamd Mevrouw Margaretha Van der Zandt. Ze was verrast dat iemand interesse toonde in het werk van haar voorvader en nodigde Mevrouw Vandenbergh en mevrouw De Groot binnen.

Mevrouw Margaretha vertelde hen over het leven van Alexander Van der Zandt en zijn passie voor muziek. Ze liet hen brieven en dagboeken zien die de componist had achtergelaten, en ze onthulde dat Alexander een tragisch leven had geleid, gekenmerkt door onbeantwoorde liefde en verlies. De vergeten melodie, zo vertelde ze, was geschreven tijdens de meest donkere dagen van zijn leven.

Mevrouw Vandenbergh besloot de vergeten melodie nieuw leven in te blazen en besloot een benefietconcert te organiseren in de Sint-Salvatorskathedraal. Ze vond getalenteerde musici bereid om de melodie te spelen en wijdde zich volledig aan het herontdekken van de muziek van Alexander Van der Zandt.

Het benefietconcert trok niet alleen de lokale bevolking aan, maar ook muziekliefhebbers vanuit heel België en daarbuiten. De muziek van Alexander Van der Zandt kwam tot leven in de kathedraal, en de vergeten melodie vulde de lucht met een emotie die het publiek in tranen bracht.

Na het concert ontving Mevrouw Vandenbergh een oude brief van Mevrouw Margaretha. In de brief stond dat ze de vergeten melodie had gehoord en dat ze eindelijk troost had gevonden in de muziek van haar voorvader. Ze bedankte Mevrouw Vandenbergh en mevrouw De Groot voor het herstellen van de eer van Alexander Van der Zandt en zijn meesterwerken.

De ontdekking van de vergeten melodie en de herontdekking van de muziek van Alexander Van der Zandt hadden niet alleen Brugge gecharmeerd, maar ook het hart van Mevrouw Vandenbergh. Ze besefte dat sommige melodieën, net als vergeten herinneringen, wachtten om opnieuw tot leven te worden gewekt. Haar passie voor muziek en het mysterie van het verleden zouden haar blijven inspireren terwijl ze haar dagen vulde met betoverende klanken en nieuwe ontdekkingen in de stad van grachten en geplaveide straatjes.

# The Mystery of the Forgotten Melody

In the heart of Bruges, the picturesque city of canals and cobblestone streets, lived an eccentric and musical woman named Mrs. Isabella Vandenbergh. She had a love for the sounds of old music and played her enchanting violin every evening in the shadow of St. Salvator's Cathedral. Her music filled the air with a captivating melody that touched the hearts of all who heard it.

But on a cold winter morning, Mrs. Vandenbergh discovered something extraordinary in a forgotten corner of her attic. A dusty trunk, buried beneath old sheet music and yellowed letters, caught her eye. She brushed off the dust and began to peruse its contents. To her amazement, she found a forgotten melody, written on aged parchment, with the initials "A.V."

The melody was rich and heartrending, as if it came straight from the soul of the composer. Mrs. Vandenbergh played the notes on her violin, and the music filled the attic with an enchanting sound that sent shivers down her spine. She knew she had discovered something special and decided to search for the origin of this forgotten melody.

With the help of her friend, Mrs. Helena De Groot, a retired music teacher, Mrs. Vandenbergh embarked on a quest that led her through the streets of Bruges and beyond. They visited antique shops and archives, spoke with music experts, and delved into old libraries. Every clue brought them closer to the mystery of the forgotten melody.

As they wandered the winding streets of Bruges, they connected with the locals and uncovered stories about a mysterious composer named Alexander Van der Zandt. This composer was a gifted musician in the 18th century, but his work had been lost in the mists of time.

Mrs. Vandenbergh and Mrs. De Groot traced the family history of Alexander Van der Zandt and discovered that he had once lived and composed in Bruges. They found clues that the forgotten melody was one of his masterpieces, but no one knew why the work had fallen into obscurity.

Their quest led them to the stately mansion of the Van der Zandt family on the outskirts of the city. There, they met the last descendant of the composer, an elderly lady named Mrs. Margaretha Van der Zandt. She was surprised that someone showed interest in her ancestor's work and invited Mrs. Vandenbergh and Mrs. De Groot inside.

Mrs. Margaretha told them about the life of Alexander Van der Zandt and his passion for music. She showed them letters and diaries left behind by the composer, and revealed that Alexander had lived a tragic life, marked by unrequited love and loss. The forgotten melody, she explained, had been written during the darkest days of his life.

Mrs. Vandenbergh decided to breathe new life into the forgotten melody and organized a benefit concert in St. Salvator's Cathedral. She found talented musicians willing to play the melody and dedicated herself to rediscovering the music of Alexander Van der Zandt.

The benefit concert attracted not only the local population but also music lovers from all over Belgium and beyond. The music of Alexander Van der Zandt came to life in the cathedral, and the forgotten melody filled the air with an emotion that brought tears to the audience's eyes.

After the concert, Mrs. Vandenbergh received an old letter from Mrs. Margaretha. In the letter, she stated that she had heard the forgotten melody and that she had finally found solace in the music of her ancestor. She thanked Mrs. Vandenbergh and Mrs. De Groot for restoring the honor of Alexander Van der Zandt and his masterpieces.

The discovery of the forgotten melody and the rediscovery of the music of Alexander Van der Zandt had not only charmed Bruges but had also captured the heart of Mrs. Vandenbergh. She realized that some melodies, like forgotten memories, waited to be brought back to life. Her passion for music and the mystery of the past would continue to inspire her as she filled her days with enchanting sounds and new discoveries in the city of canals and cobblestone streets.

# Het Geheim van de Wandelende Tram

In de charmante stad Utrecht, waar grachten zich kronkelend een weg banen door geplaveide straten en de geest van het verleden altijd aanwezig lijkt te zijn, woonde een opmerkelijke man genaamd Willem de Groot. Hij was een dromerige en inventieve ziel die zijn dagen doorbracht met het repareren van oude uurwerken en het verzamelen van antieke snuisterijen. Zijn werkplaats, gelegen aan de Oudegracht, was een ware schatkamer van geschiedenis en mysterie.

Op een mistige ochtend in het voorjaar, terwijl Willem in zijn werkplaats aan het werk was, ontdekte hij een verroeste sleutel met een ongewoon insigne. Het leek op een miniatuurtram, compleet met beweegbare wielen en ramen. Willem was gefascineerd door de vondst en begon het mysterieuze voorwerp grondig te onderzoeken.

Na uren van zorgvuldig poetsen en bestuderen, ontdekte hij dat de sleutel meer was dan alleen een decoratief item. Hij paste op een vreemde manier op een klein, verroest slot dat Willem had gevonden tussen een stapel oude kaarten en documenten. Met een beetje moeite en geduld slaagde Willem erin het slot te openen.

Het geheim van de sleutel werd onthuld toen een stoffig, oud boek tevoorschijn kwam. Het was een reisverslag geschreven door een zekere Cornelis van der Berg, een verre voorvader van

Willem. In het boek beschreef Cornelis een ongewone expeditie die plaatsvond aan het einde van de 19e eeuw. Hij had deelgenomen aan een experiment met een zogenaamde "Wandelende Tram."

Het verslag vertelde over een tram die was gebouwd om te kunnen wandelen, als een soort mechanische olifant. Het experiment was gefinancierd door een rijke koopman die in de stad woonde en die de droom had om tramlijnen te laten lopen waar geen rails waren. De Wandelende Tram zou de stad van de toekomst worden.

Cornelis beschreef hoe hij en zijn collega's de Wandelende Tram hadden bediend en hoe ze opwindende reizen door de stad hadden gemaakt. De tram kon door de grachten lopen, over bruggen klimmen en zelfs door smalle steegjes manoeuvreren. Het was een wonder van techniek, maar het project was uiteindelijk gestaakt vanwege financiële problemen.

Willem was gefascineerd door het verhaal van zijn voorvader en besloot op zoek te gaan naar de overblijfselen van de Wandelende Tram. Hij raadpleegde oude archieven, sprak met lokale historici en zocht naar aanwijzingen die hem zouden kunnen leiden naar de locatie van dit vergeten stukje geschiedenis.

Langzaam maar zeker begon hij de puzzelstukjes bij elkaar te leggen. Hij ontdekte dat de Wandelende Tram voor het laatst was gezien in een afgelegen polder ten zuiden van Utrecht. Met een oude kaart en de aanwijzingen uit het verslag van Cornelis van der Berg begon Willem aan een avontuurlijke reis naar de polder.

Daar, te midden van rietvelden en waterwegen, vond hij uiteindelijk de overblijfselen van de Wandelende Tram. De grote metalen constructie was bedekt met klimop en lag half begraven in de modder. Het leek bijna alsof de tram zelf ook een dromerige ziel had en zich had teruggetrokken uit de wereld.

Willem besloot de Wandelende Tram te restaureren en deze fascinerende erfenis nieuw leven in te blazen. Hij vroeg hulp aan lokale ambachtslieden en ingenieurs en zorgde ervoor dat de tram weer kon "wandelen." Het duurde maanden van zwoegen en zwoegen, maar uiteindelijk was de Wandelende Tram weer in beweging.

Op een zonnige middag in de herfst organiseerde Willem een speciaal evenement in Utrecht. De gerestaureerde Wandelende Tram trok de aandacht van de stad en nieuwsgierige toeschouwers verzamelden zich langs de grachten om het wonder te aanschouwen.

Toen de tram voorzichtig door de straten van Utrecht wandelde, zoals hij dat een eeuw eerder had gedaan, kon je het gevoel van verwondering in de lucht voelen. Mensen glimlachten en maakten foto's terwijl ze getuige waren van een stukje geschiedenis dat tot leven was gewekt.

Willem had niet alleen de Wandelende

Tram hersteld, maar ook het verhaal van zijn voorvader Cornelis van der Berg. Hij besefte dat soms oude dromen en avonturen niet vergeten moeten worden, maar opnieuw tot leven moeten worden gewekt om de harten van mensen te inspireren.

Terwijl de zon onderging boven de oude stad Utrecht, besefte Willem dat het verleden altijd aanwezig was, en dat sommige geheimen alleen wachtten om ontdekt en gedeeld te worden. Met een glimlach op zijn gezicht vervolgde hij zijn reis, vastbesloten om meer verloren verhalen en mysteriën uit het verleden te ontrafelen.

# The Secret of the Wandering Tram

In the charming city of Utrecht, where canals meander through cobbled streets and the spirit of the past always seems to linger, lived an extraordinary man named Willem de Groot. He was a dreamy and inventive soul who spent his days repairing old timepieces and collecting antique curiosities. His workshop, situated on the Oudegracht, was a true treasury of history and mystery.

On a misty morning in spring, while Willem was working in his workshop, he discovered a rusted key with an unusual insignia. It resembled a miniature tram, complete with movable wheels and windows. Willem was captivated by the find and began to thoroughly examine the mysterious object.

After hours of careful polishing and inspection, he discovered that the key was more than just a decorative item. It fit in a peculiar way into a small, rusted lock that Willem had found among a stack of old maps and documents. With some effort and patience, Willem managed to open the lock.

The secret of the key was revealed when a dusty, old book emerged. It was a travelogue written by a certain Cornelis van der Berg, a distant ancestor of Willem. In the book, Cornelis described an unusual expedition that took place at the end of the 19th century. He had participated in an experiment involving a so-called "Wandering Tram."

The account told of a tram that had been constructed to walk, much like a mechanical elephant. The experiment had been funded by a wealthy merchant who lived in the city and dreamed of running tram lines where there were no rails. The Wandering Tram was to be the city of the future.

Cornelis described how he and his colleagues operated the Wandering Tram and embarked on exciting journeys through the city. The tram could walk along the canals, climb over bridges, and even maneuver through narrow alleyways. It was a marvel of engineering, but the project had ultimately been abandoned due to financial difficulties.

Willem was fascinated by the story of his ancestor and decided to search for the remnants of the Wandering Tram. He consulted old archives, spoke with local historians, and searched for clues that could lead him to the location of this forgotten piece of history.

Slowly but surely, he began piecing together the puzzle. He discovered that the Wandering Tram had last been seen in a remote polder south of Utrecht. Armed with an old map and the clues from Cornelis van der Berg's account, Willem embarked on an adventurous journey to the polder.

There, amid reed fields and waterways, he finally found the remains of the Wandering Tram. The massive metal structure was covered in ivy and half-buried in mud. It almost seemed as if the tram itself had a dreamy soul and had withdrawn from the world.

Willem decided to restore the Wandering Tram and breathe new life into this fascinating heritage. He sought the help of local craftsmen and engineers and made sure the tram could "walk" once more. It took months of toil and effort, but eventually, the Wandering Tram was on the move again.

On a sunny autumn afternoon, Willem organized a special event in Utrecht. The restored Wandering Tram caught the city's attention, and curious onlookers gathered along the canals to witness the marvel.

As the tram gently strolled through the streets of Utrecht, just as it had a century before, a sense of wonder filled the air. People smiled and took photos as they witnessed a piece of history brought back to life.

Willem had not only restored the Wandering Tram but had also brought to life the story of his ancestor, Cornelis van der Berg. He realized that sometimes old dreams and adventures should not be forgotten but should be revived to inspire the hearts of people.

As the sun set over the ancient city of Utrecht, Willem realized that the past was always present, and that some secrets only waited to be discovered and shared. With a smile on his face, he continued his journey, determined to unravel more lost stories and mysteries from the past.

# Het Geheim van de Pianostemmer

Het was een grijze en regenachtige dag in Amsterdam, en de grachten glinsterden met een mystiek glansje. Het stadsleven ging traag voorbij, met mensen die zich haastten om te schuilen voor de regen onder de kleurrijke luifels van de kleine cafés. In een oud grachtenpand aan de Herengracht woonde een beminnelijke man genaamd Pieter de Vries, een pianostemmer met een buitengewone gave.

Pieter was een zachtaardige ziel met een liefde voor muziek die zijn hele leven had gekoesterd. Hij was gezegend met een uitzonderlijk gehoor en een intuïtief begrip van pianoklanken. Zijn talent om pianomuziek tot in de perfectie te stemmen was bekend bij veel beroemde musici in de stad.

Op een koude ochtend in de herfst, terwijl Pieter bezig was met het afstemmen van een vleugelpiano in een statig herenhuis aan de Keizersgracht, stond hem iets ongewoons te wachten. Terwijl hij de laatste noten afstemde, klonk er een zachte, mysterieuze melodie uit de piano, een melodie die hij nog nooit had gehoord.

Verbijsterd keek Pieter naar de piano en vroeg zich af waar deze melodie vandaan kwam. De piano leek te spreken met een stem diep vanbinnen, alsof hij zijn eigen verhaal wilde vertellen. De noten waren vol gevoel en verlangen, alsof ze een boodschap wilden overbrengen.

Pieter, met zijn gevoelige ziel en diepgaande connectie met muziek, kon niet anders dan aandacht schenken aan dit mysterie. Hij vroeg de eigenaar van het huis, een gepensioneerde operazanger, of hij ooit iets had gehoord over de piano die muziek leek voort te brengen.

De oude man fronste zijn wenkbrauwen en begon een verhaal te vertellen dat teruggaat tot de dagen van de Tweede Wereldoorlog. Het huis was ooit een toevluchtsoord geweest voor ondergedoken musici, en de piano was getuige geweest van geheime optredens en clandestiene bijeenkomsten. De oude operazanger herinnerde zich een legende die in de familie was doorgegeven: de piano was betoverd.

Volgens de overlevering had een verliefd stel ooit hun liefdesbetuiging in de klanken van de piano opgesloten, in de hoop dat hun muziek de tand des tijds zou doorstaan. De betovering zou echter alleen worden geactiveerd als een pianostemmer met een uitzonderlijke gave zijn handen aan de toetsen legde.

Pieter, met zijn gouden oren en diepgaande liefde voor muziek, was de enige die in aanmerking kwam om de betovering van de piano te ontsluiten. Hij voelde dat hij geen andere keuze had dan de taak op zich te nemen.

Maar wat betekende de betovering? En waarom was de piano nu na al die jaren tot leven gekomen?

Terwijl Pieter dieper in het mysterie dook, ontdekte hij dat de betovering een boodschap bevatte voor de toekomst. Het was een oproep tot verzoening en harmonie, een herinnering aan de kracht van muziek om harten te verenigen.

Pieter besloot om deze boodschap door te geven aan de stad Amsterdam. Hij organiseerde een bijzonder concert in het Vondelpark, waar de piano zijn betoverde melodieën ten gehore bracht voor een publiek dat zich had verzameld op een zonnige zondagmiddag. Musici uit alle hoeken van de stad voegden zich bij het concert, en de betovering van de piano werd voelbaar in de lucht.

De melodieën van de piano brachten tranen in de ogen van de luisteraars en vreugde in hun harten. Mensen omhelsden elkaar, en vreemden deelden momenten van verbondenheid. De betovering had zijn werk gedaan, en de boodschap van verzoening was ontvangen.

Pieter de Vries, de pianostemmer met een uitzonderlijke gave, had niet alleen een piano gestemd, maar ook harten geraakt en de stad Amsterdam in harmonie gebracht. Terwijl de zon onderging boven de grachten, wist hij dat de kracht van muziek en betovering altijd in de lucht van de stad zou blijven zweven, klaar om opnieuw te worden ontdekt door zij die geloofden in de magie van klanken en liefde.

# The Secret of the Piano Tuner

It was a gray and rainy day in Amsterdam, and the canals glistened with a mystical shimmer. City life moved slowly, with people hurrying to seek shelter from the rain under the colorful awnings of the small cafes. In an old canal house on Herengracht lived an amiable man named Pieter de Vries, a piano tuner with an extraordinary gift.

Pieter was a gentle soul with a love for music that he had cherished his entire life. He was blessed with an exceptional ear and an intuitive understanding of piano sounds. His talent for tuning piano music to perfection was well known among many renowned musicians in the city.

On a cold autumn morning, while Pieter was in the midst of tuning a grand piano in an elegant mansion on Keizersgracht, something unusual awaited him. As he fine-tuned the last notes, a soft, mysterious melody emanated from the piano, a melody he had never heard before.

Bewildered, Pieter looked at the piano, wondering where this melody was coming from. The piano seemed to speak with a voice from deep within, as if it wanted to tell its own story. The notes were filled with emotion and longing, as if they wanted to convey a message.

Pieter, with his sensitive soul and profound connection to music, couldn't help but pay attention to this mystery. He asked the owner of the house, a retired opera singer, if he had ever heard anything about the piano that seemed to produce music.

The old man furrowed his brow and began to tell a story that dated back to the days of World War II. The house had once been a sanctuary for underground musicians, and the piano had witnessed secret performances and clandestine gatherings. The old opera singer recalled a legend passed down through the family: the piano was enchanted.

According to the tradition, a loving couple had once locked their declaration of love within the piano's sounds, hoping that their music would withstand the test of time. The enchantment would, however, only be activated if a piano tuner with an exceptional gift touched the keys.

Pieter, with his golden ears and deep love for music, was the only one qualified to unlock the piano's enchantment. He felt that he had no other choice but to take on the task.

But what did the enchantment mean? And why had the piano come to life after all these years?

As Pieter delved deeper into the mystery, he discovered that the enchantment held a message for the future. It was a call for reconciliation and harmony, a reminder of the power of music to unite hearts.

Pieter decided to convey this message to the city of Amsterdam. He organized a special concert in Vondelpark, where the piano played its enchanted melodies for an audience that had gathered on a sunny Sunday afternoon. Musicians from all corners of the city joined the concert, and the enchantment of the piano was palpable in the air.

The piano's melodies brought tears to the eyes of the listeners and joy to their hearts. People embraced each other, and strangers shared moments of connection. The enchantment had worked its magic, and the message of reconciliation was received.

Pieter de Vries, the piano tuner with an exceptional gift, had not only tuned a piano but also touched hearts and brought the city of Amsterdam into harmony. As the sun set over the canals, he knew that the power of music and enchantment would always linger in the city's air, ready to be discovered again by those who believed in the magic of sounds and love.

# Het Mysterie van de Verloren Liefdesbrief

In het charmante stadje Dalem aan de oever van de Maas, waar de huizen met hun sierlijke gevels en geplaveide straten een vleugje nostalgie uitstraalden, bloeide een bijzondere vriendschap tussen twee mensen. Cornelius van der Meulen, een gepensioneerde horlogemaker, en Isabella de Jong, een voormalige bibliothecaresse, waren al jarenlang onafscheidelijke vrienden. Ze deelden niet alleen hun liefde voor het stadje Dalem, maar ook een diep respect voor de kunst van het schrijven.

Op een zonnige ochtend in de lente, terwijl Cornelius in zijn tuin zat te genieten van een kop thee en het uitzicht op de Maas, ontdekte hij iets bijzonders in zijn rozentuin. Onder een zorgvuldig geplaatste steen vond hij een vergeelde liefdesbrief, met een prachtig handgeschreven gedicht en de woorden: "Voor altijd de jouwe, A."

De brief bracht herinneringen naar boven aan een verloren liefde uit zijn jeugd, een liefde die hij nooit had kunnen vergeten. Cornelius was nieuwsgierig en vroeg zich af wie deze brief had geschreven en waarom deze in zijn tuin was beland. Hij had altijd gedacht dat de brief verloren was gegaan, en hier was hij, na al die jaren, weer opgedoken.

Hij haastte zich naar het huis van Isabella om haar het nieuws te vertellen. Isabella was meteen geïntrigeerd en vroeg Cornelius om de brief voor te lezen. Terwijl hij de woorden van de brief las, werden ze allebei meegesleept door het verhaal van liefde en verlies.

Samen besloten ze op zoek te gaan naar de afzender van de brief, wiens identiteit alleen bekend was als "A." Ze begonnen met het raadplegen van oude stadsgeschiedenissen en het ondervragen van oude bewoners, in de hoop aanwijzingen te vinden die hen naar de mysterieuze afzender zouden leiden.

Terwijl ze door Dalem liepen, ontmoetten ze mensen die het stadje al hun hele leven hadden gekend. Ze hoorden verhalen over de tijden van weleer, over liefdes die waren ontstaan en verloren, en over mensen die voor altijd in de harten van anderen waren blijven bestaan.

Tijdens hun zoektocht ontdekte Isabella een oud dagboek in de plaatselijke bibliotheek. Het dagboek was van een jonge vrouw genaamd Anna, die in de vroege jaren van de 20e eeuw in Dalem had gewoond. Terwijl ze het dagboek doorbladerde, vond ze een passage waarin Anna schreef over haar diepe liefde voor een jongeman met wie ze een geheime correspondentie onderhield.

De aanwijzingen leidden naar een vergeten liefdesverhaal dat zich in de schaduwen van de geschiedenis van Dalem had afgespeeld. Cornelius en Isabella waren vastberaden om de afzender van de brief, "A," te vinden en de ontbrekende stukjes van dit verloren verhaal op te helderen.

Na maanden van onderzoek en gesprekken met oude stadsgenoten, kwamen ze uiteindelijk tot de verrassende ontdekking. "A" was niemand minder dan Anna, de schrijfster van het dagboek. Haar verloren liefdesbrief was blijkbaar jaren geleden per ongeluk onder de steen in Cornelius' tuin beland.

De ontdekking van de brief bracht niet alleen een verloren liefdesverhaal aan het licht, maar ook een kostbaar inzicht in de geschiedenis van Dalem en de diepgaande band tussen Cornelius en Isabella. Ze realiseerden zich dat sommige verhalen, hoe lang ze ook verborgen blijven, nooit vergeten mogen worden.

Samen met Anna's dagboek en de liefdesbrief besloten ze om deze kostbare herinneringen te delen met het stadje Dalem. Ze organiseerden een speciale tentoonstelling in het plaatselijke museum, waar de woorden van Anna en de liefdesbrief te zien waren, naast verhalen en foto's uit het verleden van Dalem.

De stad kwam bijeen om het verloren liefdesverhaal te vieren, en Dalem bracht hulde aan zijn rijke geschiedenis en aan de vriendschap tussen Cornelius en Isabella. Het mysterie van de verloren liefdesbrief werd een ode aan de kracht van liefde, vriendschap en de tijdloze kunst van het schrijven. En Dalem bleef een stad waar verhalen werden gekoesterd, in het heden en voor altijd.

# The Mystery of the Lost Love Letter

In the charming town of Dalem on the banks of the Maas River, where houses with their graceful facades and cobbled streets exuded a touch of nostalgia, flourished a special friendship between two people. Cornelius van der Meulen, a retired watchmaker, and Isabella de Jong, a former librarian, had been inseparable friends for years. They shared not only their love for the town of Dalem but also a deep respect for the art of writing.

On a sunny morning in spring, while Cornelius sat in his garden, sipping tea and gazing at the Maas River, he discovered something special in his rose garden. Beneath a carefully placed stone, he found a yellowed love letter, with a beautifully handwritten poem and the words: "Forever yours, A."

The letter brought back memories of a lost love from his youth, a love he had never been able to forget. Cornelius was curious and wondered who had written this letter and why it had ended up in his garden. He had always believed that the letter had been lost, and here it was, resurfacing after all these years.

He hurried to Isabella's house to share the news with her. Isabella was immediately intrigued and asked Cornelius to read the letter aloud. As he read the words of the letter, they both got carried away by the story of love and loss.

Together, they decided to search for the sender of the letter, whose identity was known only as "A." They began consulting old town histories and questioning elderly residents, hoping to find clues that would lead them to the mysterious sender.

As they walked through Dalem, they met people who had known the town all their lives. They heard stories of bygone times, of love that had blossomed and faded, and of people who had remained in the hearts of others forever.

During their quest, Isabella discovered an old diary in the local library. The diary belonged to a young woman named Anna, who had lived in Dalem in the early years of the 20th century. As she perused the diary, she found a passage in which Anna wrote about her deep love for a young man with whom she maintained a secret correspondence.

The clues led to a forgotten love story that had played out in the shadows of Dalem's history. Cornelius and Isabella were determined to find the sender of the letter, "A," and clarify the missing pieces of this lost story.

After months of research and conversations with old town folks, they eventually made a surprising discovery. "A" was none other than Anna, the author of the diary. Her lost love letter had apparently landed in Cornelius' garden years ago by accident.

The discovery of the letter not only brought a lost love story to light but also provided a precious insight into Dalem's history and the profound bond between Cornelius and Isabella. They realized that some stories, no matter how long they remain hidden, should never be forgotten.

Together with Anna's diary and the love letter, they decided to share these precious memories with the town of Dalem. They organized a special exhibition at the local museum, where Anna's words and the love letter were displayed alongside stories and photographs from Dalem's past.

The town gathered to celebrate the lost love story, and Dalem paid tribute to its rich history and the friendship between Cornelius and Isabella. The mystery of the lost love letter became an ode to the power of love, friendship, and the timeless art of writing. And Dalem remained a town where stories were cherished, in the present and forever.

# Het Geheim van de Betoverende Boekwinkel

In het pittoreske stadje Zonnehaven, waar de tijd leek te vertragen en de straten omzoomd waren met geurende bloemen en ouderwetse lantaarnpalen, bevond zich een verborgen juweeltje: de Betoverende Boekwinkel. Deze boekwinkel, met zijn krakende houten vloeren en torenhoge boekenkasten vol verhalen, was geliefd bij de inwoners van Zonnehaven.

De eigenaar van de boekwinkel was een charmante oudere dame genaamd Clara. Ze was een mysterieuze verschijning met zilverwit haar en glinsterende ogen. Clara was niet zomaar een boekverkoper; ze had een gave. Ze kon de juiste boeken aan de juiste mensen aanbevelen, alsof ze de geheimen van hun ziel kende.

Op een regenachtige middag wandelde Sophie, een jonge vrouw met een onvervulde droom om schrijfster te worden, de Betoverende Boekwinkel binnen. Ze keek verbaasd naar de overvloed aan boeken en de rustige sfeer van de winkel. Sophie was op zoek naar inspiratie, en ze hoopte dat Clara haar kon helpen.

Clara glimlachte vriendelijk naar Sophie en vroeg haar naar haar dromen en verlangens. Sophie vertelde over haar passie voor schrijven en haar wens om een roman te schrijven die mensen zou betoveren, net zoals de boekwinkel dat deed. Clara knikte begripvol en begon door de boeken te bladeren.

Uiteindelijk reikte Clara Sophie een oud boek aan, met een verweerde kaft en vergeelde pagina's. Het boek heette "De Melodie van Verloren Dromen" en was geschreven door een mysterieuze auteur genaamd Elyse. Clara vertelde Sophie dat dit boek haar zou helpen haar eigen dromen te vinden en te verwezenlijken.

Sophie begon met lezen en raakte meteen gevangen door het verhaal. Het vertelde het verhaal van een jonge schrijfster die een magische boekwinkel ontdekte, vergelijkbaar met die van Clara, en haar eigen dromen waarmaakte. Terwijl Sophie de woorden van het boek in zich opnam, voelde ze een vonk van inspiratie in haar binnenste ontvlammen.

Gedurende weken en maanden schreef Sophie onvermoeibaar aan haar eigen roman. Ze bezocht de Betoverende Boekwinkel vaak, niet alleen om boeken te kopen, maar ook om met Clara te praten over haar voortgang. Clara moedigde haar aan en deelde haar eigen wijze inzichten over schrijven en het volgen van dromen.

Sophie's roman groeide en bloeide, net als de bloemen in de straten van Zonnehaven. Ze werkte hard, met toewijding en passie, en langzaam maar zeker werd haar droom werkelijkheid. Uiteindelijk voltooide ze haar roman, die ze "De Betoverende Woorden" noemde, als eerbetoon aan de boekwinkel die haar zoveel had gegeven.

De lancering van Sophie's roman werd een groots evenement in Zonnehaven. De inwoners kwamen bijeen om haar succes te vieren, en Clara was de eregast. Sophie sprak over haar reis, haar inspiratie en de ongelooflijke steun die ze had ontvangen van Clara en de Betoverende Boekwinkel.

Op dat moment besefte Sophie dat Clara niet zomaar een boekverkoper was; ze was een mentor, een gids, en een vriend die anderen hielp hun eigen verhalen te vinden. Clara onthulde haar eigen geheim: ze was Elyse, de mysterieuze auteur van "De Melodie van Verloren Dromen."

Het stadje Zonnehaven eerde Clara en Sophie als twee vrouwen die de kracht van woorden, dromen en inspiratie belichaamden. De Betoverende Boekwinkel bleef het hart van de gemeenschap, waar verhalen werden geboren en dromen werden gekoesterd.

En zo ging het leven rustig verder in Zonnehaven, waar de Betoverende Boekwinkel en zijn twee bijzondere vrouwen herinnerd werden als de bewaarders van verhalen en de wegwijzers naar dromen die uitkwamen.

# The Secret of the Enchanting Bookstore

In the picturesque town of Sunhaven, where time seemed to slow down and the streets were lined with fragrant flowers and old-fashioned lampposts, there was a hidden gem: the Enchanting Bookstore. This bookstore, with its creaking wooden floors and towering bookshelves filled with stories, was beloved by the residents of Sunhaven.

The owner of the bookstore was a charming elderly lady named Clara. She was a mysterious figure with silver-white hair and sparkling eyes. Clara was not just a bookseller; she had a gift. She could recommend the right books to the right people, as if she knew the secrets of their souls.

On a rainy afternoon, Sophie, a young woman with an unfulfilled dream of becoming a writer, walked into the Enchanting Bookstore. She looked in awe at the abundance of books and the tranquil atmosphere of the store. Sophie was seeking inspiration, and she hoped that Clara could help her.

Clara smiled kindly at Sophie and inquired about her dreams and desires. Sophie shared her passion for writing and her wish to write a novel that would enchant people, just as the bookstore did. Clara nodded in understanding and began browsing through the books.

Eventually, Clara handed Sophie an old book, with a weathered cover and yellowed pages. The book was titled "The Melody of Lost Dreams" and was written by a mysterious author named Elyse. Clara told Sophie that this book would help her find and fulfill her own dreams.

Sophie began to read and was immediately captivated by the story. It told the tale of a young writer who discovered a magical bookstore, similar to Clara's, and realized her own dreams. As Sophie absorbed the words of the book, she felt a spark of inspiration ignite within her.

For weeks and months, Sophie tirelessly wrote her own novel. She visited the Enchanting Bookstore often, not only to buy books but also to talk to Clara about her progress. Clara encouraged her and shared her own insights on writing and pursuing dreams.

Sophie's novel grew and blossomed, much like the flowers in the streets of Sunhaven. She worked hard, with dedication and passion, and slowly but surely, her dream came true. She eventually completed her novel, which she called "The Enchanting Words," as a tribute to the bookstore that had given her so much.

The launch of Sophie's novel became a grand event in Sunhaven. The residents came together to celebrate her success, and Clara was the guest of honor. Sophie spoke about her journey, her inspiration, and the incredible support she had received from Clara and the Enchanting Bookstore.

At that moment, Sophie realized that Clara was not just a bookseller; she was a mentor, a guide, and a friend who helped others find their own stories. Clara revealed her own secret: she was Elyse, the mysterious author of "The Melody of Lost Dreams."

The town of Sunhaven honored Clara and Sophie as two women who embodied the power of words, dreams, and inspiration. The Enchanting Bookstore remained the heart of the community, where stories were born and dreams were cherished.

And so life continued at its unhurried pace in Sunhaven, where the Enchanting Bookstore and its two remarkable women were remembered as the keepers of stories and the guides to dreams come true.

# Het Raadsel van de Vergeten Schilderij

In het schilderachtige dorpje Vliederheim, waar de geplaveide straatjes zich een weg baanden tussen eeuwenoude huisjes met rieten daken en de geur van versgebakken appeltaart altijd in de lucht hing, speelde zich een mysterie af dat de inwoners van het dorp in zijn ban hield.

In het hart van Vliederheim stond een oude herberg genaamd "De Gouden Palet," die al generaties lang bekendstond om zijn gezelligheid en warme sfeer. Het was tevens de plek waar de beroemde schilder, Victor van der Veen, vele jaren geleden zijn meesterwerk had geschilderd: "De Dansende Meisjes."

Dit schilderij was een bron van trots voor het dorp en trok vele kunstliefhebbers en toeristen naar Vliederheim. Het beeldde vijf vrolijke meisjes af die hand in hand dansten op een zonovergoten veld. Het schilderij straalde een onmiskenbare vreugde uit en werd beschouwd als het kroonjuweel van de herberg.

Op een koude winterochtend ontdekte de eigenaar van De Gouden Palet, Mevrouw Van Bergen, dat het schilderij was verdwenen. In plaats van de Dansende Meisjes, hing er een leeg frame aan de muur. Mevrouw Van Bergen was ontroostbaar en riep de hulp in van de dorpelingen om het schilderij terug te vinden.

Het hele dorp raakte in rep en roer. De inwoners begonnen aan een zoektocht naar "De Dansende Meisjes." Ze doorzochten alle hoeken en gaten van Vliederheim, ondervroegen dorpsgenoten, en vroegen zich af wie het meesterwerk had gestolen en waarom.

Onder de dorpsbewoners bevond zich Laura, een jonge vrouw met een passie voor kunstgeschiedenis. Ze voelde een diepe band met "De Dansende Meisjes" en was vastbesloten om het schilderij terug te vinden. Laura dook in de geschiedenis van Victor van der Veen en zijn verbinding met Vliederheim.

Ze ontdekte dat Victor van der Veen een tragisch leven had geleid en dat hij stierf in armoede zonder de erkenning die hij verdiende. Het schilderij was zijn eerbetoon aan het dorp dat hem ooit had verwelkomd en geïnspireerd.

Laura kwam tot de conclusie dat het schilderij niet gestolen was voor financieel gewin, maar eerder om het dorp Vliederheim te schaden en de herinnering aan Victor van der Veen uit te wissen. Ze vermoedde dat de dief een diepe wrok koesterde tegen het dorp.

Met deze informatie begon Laura met een grondiger onderzoek, en ze ontdekte aanwijzingen die haar leidden naar een oud dagboek dat toebehoorde aan een vroegere herbergmedewerker, Anton. In het dagboek stonden cryptische notities en aanwijzingen die verwezen naar een geheime schuilplaats in de bossen bij Vliederheim.

Laura deelde haar bevindingen met de dorpelingen, en samen ondernamen ze een tocht naar de bossen. Na uren van zoeken vonden ze een verborgen grot waarin "De Dansende Meisjes" verborgen was. Het schilderij was stoffig en beschadigd, maar nog steeds even stralend als voorheen.

Het mysterie van de gestolen meesterwerk was opgelost, en Vliederheim vierde de terugkeer van "De Dansende Meisjes" met een groots feest in De Gouden Palet. Het dorp kwam samen om de kunst en geschiedenis te eren, en Laura werd geprezen als de heldin van het dorp.

Het schilderij nam weer zijn ereplaats in de herberg in, en het bleef een bron van inspiratie voor Vliederheim en zijn inwoners. Het dorp besefte dat sommige schatten niet alleen in verf en doek bestonden, maar ook in de gemeenschap en de banden die hen samenbrachten.

En zo ging het leven rustig verder in het dorpje Vliederheim, waar kunst en geschiedenis hand in hand gingen, en waar de Dansende Meisjes voor altijd dansten onder de zon van de herberg.

# The Mystery of the Forgotten Painting

In the picturesque village of Willow Haven, where time seemed to slow down, and cobblestone streets wound their way through centuries-old cottages with thatched roofs, a mystery unfolded that captivated the village's residents.

At the heart of Willow Haven stood an old inn named "The Golden Palette," known for generations for its coziness and warm ambiance. It was also the place where the renowned painter, Victor van der Veen, had painted his masterpiece many years ago: "The Dancing Girls."

This painting was a source of pride for the village, drawing art enthusiasts and tourists to Willow Haven. It depicted five joyful girls, hand in hand, dancing in a sunlit field. The painting radiated undeniable happiness and was considered the jewel of the inn.

On a cold winter morning, the owner of The Golden Palette, Mrs. Van Bergen, discovered that the painting had disappeared. Instead of "The Dancing Girls," an empty frame hung on the wall. Mrs. Van Bergen was inconsolable and called on the villagers to help find the painting.

The whole village was in turmoil. The residents embarked on a quest to find "The Dancing Girls." They combed every nook and cranny of Willow Haven, questioned fellow villagers, and wondered who had stolen the masterpiece and why.

Among the villagers was Laura, a young woman with a passion for art history. She felt a deep connection to "The Dancing Girls" and was determined to recover the painting. Laura delved into the history of Victor van der Veen and his connection to Willow Haven.

She discovered that Victor van der Veen had led a tragic life and died in poverty without the recognition he deserved. The painting was his tribute to the village that had once welcomed and inspired him.

Laura concluded that the painting had not been stolen for financial gain but rather to harm the village of Willow Haven and erase the memory of Victor van der Veen. She suspected that the thief harbored a deep grudge against the village.

With this information, Laura began a more thorough investigation and found clues that led her to an old diary belonging to a former inn employee, Anton. The diary contained cryptic notes and hints that referred to a hidden cave in the woods near Willow Haven.

Laura shared her findings with the villagers, and together, they embarked on a journey to the woods. After hours of searching, they discovered a concealed cave where "The Dancing Girls" had been hidden. The painting was dusty and damaged, but still as radiant as ever.

The mystery of the stolen masterpiece was solved, and Willow Haven celebrated the return of "The Dancing Girls" with a grand festival at The Golden Palette. The village came together to honor art and history, and Laura was hailed as the village's heroine.

The painting once again took its pride of place in the inn, and it remained a source of inspiration for Willow Haven and its residents. The village realized that some treasures existed not only in paint and canvas but also in the community and the bonds that brought them together.

And so life continued at its unhurried pace in the village of Willow Haven, where art and history went hand in hand, and where "The Dancing Girls" forever danced under the inn's golden sun.

# De Magie van de Vergeten Muziekdoos

In het idyllische stadje Klaverdorp, waar de huizen met rieten daken zich nestelden tussen uitgestrekte velden met wilde bloemen en de geur van versgebakken broodjes altijd door de straten zweefde, gebeurde er op een zonnige dag iets bijzonders dat de inwoners betoverde.

In het hart van Klaverdorp bevond zich een charmante antiekwinkel genaamd "De Tijdloze Schat." De eigenaar, een oude heer genaamd Wilhelm, was een beminnelijke man met een grijze snor en een twinkelende blik. De winkel was een schatkist vol antieke vondsten, van klokken tot schilderijen tot oude boeken.

Op een dag stapte een jonge vrouw genaamd Eliza de winkel binnen. Ze was op zoek naar een cadeau voor haar grootmoeder, die binnenkort haar negentigste verjaardag vierde. Terwijl Eliza door de winkel liep, viel haar oog op een prachtige muziekdoos. Het was versierd met bloemenmotieven en straalde een magische gloed uit.

Wilhelm zag de twinkeling in Eliza's ogen en begreep dat deze muziekdoos speciaal was. Hij vertelde haar het verhaal erachter. De muziekdoos was ooit eigendom geweest van een jonge vrouw genaamd Isabella, die lang geleden in Klaverdorp had gewoond. De muziekdoos had een geheim: wanneer je hem opende, speelde hij een betoverend deuntje dat vreugde in de harten van iedereen bracht.

Eliza was gefascineerd door het verhaal en besloot de muziekdoos voor haar grootmoeder te kopen. Ze was ervan overtuigd dat het de perfecte geschenk zou zijn om haar te laten glimlachen op haar speciale dag.

Op de verjaardag van haar grootmoeder, omringd door familie en vrienden, overhandigde Eliza de muziekdoos. Toen haar grootmoeder de doos opende en het magische deuntje klonk, veranderde er iets in de kamer. De mensen voelden zich lichter, vrolijker en vol energie, alsof ze in een betoverde wereld waren beland.

De muziekdoos bracht niet alleen vreugde in het heden, maar het bleek ook een brug naar het verleden te zijn. Eliza's grootmoeder begon verhalen te vertellen over haar eigen jeugd in Klaverdorp, over de velden vol wilde bloemen en de geheime plekjes waar ze als kind speelde.

Maar het meest bijzondere was dat Eliza's grootmoeder herinneringen begon op te halen die ze al lang vergeten was. Ze herinnerde zich haar eerste liefde, haar avonturen in het bos, en de dromen die ze had gekoesterd. De muziekdoos wekte niet alleen vreugde op, maar ook herinneringen die waren begraven in de diepten van haar geest.

Het stadje Klaverdorp werd betoverd door de muziek van de doos en de verhalen van de grootmoeder. Mensen begonnen hun eigen herinneringen te delen en herontdekten de schoonheid van het verleden. Het stadje werd gevuld met lachende gezichten en gedeelde verhalen.

Eliza besefte dat de muziekdoos niet alleen een geschenk was voor haar grootmoeder, maar voor de hele gemeenschap. Het bracht mensen samen, deed herinneringen herleven en zorgde voor een onvergetelijke verjaardag.

En zo ging het leven verder in Klaverdorp, waar de magie van de vergeten muziekdoos niet alleen de harten van de inwoners verwarmde, maar ook de rijke geschiedenis van het stadje tot leven bracht.

# The Magic of the Forgotten Music Box

In the idyllic town of Cloverfield, where thatched-roof houses nestled amidst vast fields of wildflowers and the scent of freshly baked pastries always wafted through the streets, something remarkable happened one sunny day that enchanted the residents.

At the heart of Cloverfield stood a charming antique shop called "The Timeless Treasure." The owner, an elderly gentleman named Wilhelm, was an amiable man with a gray mustache and a twinkle in his eye. The shop was a treasure trove of antique finds, from clocks to paintings to old books.

One day, a young woman named Eliza stepped into the shop. She was in search of a gift for her grandmother, who would soon celebrate her ninetieth birthday. As Eliza strolled through the store, her eyes fell upon a beautiful music box. Adorned with floral motifs, it radiated a magical glow.

Wilhelm noticed the sparkle in Eliza's eyes and understood that this music box was special. He shared with her its story. The music box had once belonged to a young woman named Isabella, who had lived in Cloverfield long ago. The music box held a secret: when opened, it played an enchanting tune that brought joy to everyone's hearts.

Eliza was captivated by the tale and decided to purchase the music box for her grandmother. She was convinced it would be the perfect gift to bring a smile to her face on her special day.

On her grandmother's birthday, surrounded by family and friends, Eliza presented the music box. When her grandmother opened the box and the magical tune began to play, something changed in the room. People felt lighter, happier, and full of energy, as if they had entered an enchanted world.

The music box not only brought joy in the present but also served as a bridge to the past. Eliza's grandmother started sharing stories about her own youth in Cloverfield, the fields of wildflowers, and the secret spots where she used to play as a child.

Most remarkably, Eliza's grandmother began to recall memories long forgotten. She remembered her first love, her adventures in the woods, and the dreams she had cherished. The music box not only evoked joy but also memories buried deep in her mind.

The town of Cloverfield was enchanted by the music from the box and the grandmother's stories. People began sharing their own memories and rediscovered the beauty of the past. The town was filled with smiling faces and shared stories.

Eliza realized that the music box was not just a gift for her grandmother but for the entire community. It brought people together, rekindled memories, and created an unforgettable birthday.

And so life continued in Cloverfield, where the magic of the forgotten music box not only warmed the hearts of the residents but also brought to life the rich history of the town.

61

# De Geheimen van de Oude Molen

In een afgelegen dorpje, verscholen tussen heuvels en bossen, stond een oude molen die al generaties lang een geheim bewaarde. De inwoners van het dorp noemden het "De Molen van Verhalen."

De molen was ooit een bruisend centrum van activiteit geweest, waar graan werd gemalen en dorpsbewoners bijeenkwamen om verhalen te delen. Maar na verloop van tijd was de molen in verval geraakt en leek hij vergeten te zijn.

Op een grijze herfstdag, toen de bladeren van de bomen vielen en de lucht zwaar was van melancholie, arriveerde Anna in het dorp. Ze was een jonge schrijfster op zoek naar inspiratie voor haar nieuwe roman. Anna hoorde geruchten over de molen en de geheimen die hij herbergde.

Anna besloot om de oude molen te verkennen en ontdekte een wereld vol stof en spinnenwebben. Terwijl ze door de verlaten molen liep, vond ze een oud dagboek dat jaren geleden was achtergelaten. Het dagboek was gevuld met verhalen en herinneringen van dorpsbewoners.

Terwijl Anna de verhalen las, besefte ze dat de molen ooit een plek was geweest waar mensen samenkwamen om hun dromen en avonturen te delen. De molen had als getuige gediend van liefdesverhalen, vriendschappen en geheimen diep in de nacht.

Anna begon geïnspireerd te raken door de verhalen in het dagboek. Ze besloot de verhalen nieuw leven in te blazen in haar roman en begon te schrijven. Terwijl ze de woorden op papier zette, ontdekte ze de magie van de oude molen.

Langzaam maar zeker begon de molen weer tot leven te komen. Dorpsbewoners begonnen hun weg terug te vinden naar de molen, geïnspireerd door Anna's verhalen en haar toewijding om de oude molen te herstellen.

Met vereende krachten werd de molen gerenoveerd en omgetoverd tot een bruisend centrum van creativiteit. Dorpsbewoners begonnen weer bijeen te komen om hun verhalen te delen, net zoals hun voorouders dat ooit hadden gedaan.

Anna's roman werd een bestseller en bracht het dorp nieuwe bekendheid. De molen van verhalen werd een symbool van de kracht van gemeenschap en het delen van verhalen.

En zo bleef de oude molen niet langer een geheim bewaren, maar werd hij een levendige plek waar generaties van dorpsbewoners hun verhalen deelden en koesterden, en waar Anna de inspiratie vond voor vele romans die nog zouden komen.

Het dorp was weer tot leven gekomen, en de molen van verhalen was de bron van dat leven, een plek waar dromen werden geboren en geheimen werden gedeeld in de warmte van de gemeenschap.

# The Secrets of the Old Mill

In a remote village nestled among hills and forests, stood an old mill that had guarded a secret for generations. The villagers called it "The Mill of Stories."

Once, the mill had been a bustling hub of activity, where grain was ground and villagers gathered to share stories. But over time, the mill had fallen into disrepair and seemed to have been forgotten.

On a gray autumn day, when leaves were falling from the trees and the air was heavy with nostalgia, Anna arrived in the village. She was a young writer in search of inspiration for her new novel. Anna had heard rumors about the mill and the secrets it held.

Anna decided to explore the old mill and discovered a world filled with dust and cobwebs. As she wandered through the abandoned mill, she found an old diary that had been left behind years ago. The diary was brimming with stories and memories from the villagers.

As Anna read the stories, she realized that the mill had once been a place where people gathered to share their dreams and adventures. The mill had witnessed love stories, friendships, and secrets whispered in the depths of the night.

Inspired by the stories in the diary, Anna decided to breathe new life into them in her novel and began to write. As she put the words on paper, she discovered the magic of the old mill.

Slowly but surely, the mill began to come back to life. Villagers started finding their way back to the mill, inspired by Anna's stories and her dedication to restoring the old mill.

With collective efforts, the mill was renovated and transformed into a vibrant center of creativity. Villagers began to gather again to share their stories, just as their ancestors had done.

Anna's novel became a bestseller, bringing new fame to the village. The Mill of Stories became a symbol of the power of community and the sharing of stories.

No longer did the old mill guard a secret; instead, it became a lively place where generations of villagers shared and cherished their stories, and where Anna found inspiration for many more novels to come.

The village had come back to life, and the Mill of Stories was the source of that life, a place where dreams were born and secrets were shared in the warmth of community.